Lm. 40.

AF267277

A V I S

AUX FRANÇAIS,

O U

*Prospectus de quelques renseigne-
mens utiles aux familles et aux
particuliers ; même à ceux qui
s'occupent de l'Histoire de l'Empire Français.*

---

*Salus nominum, salus propriétatum. Salus ho-
noris, salus libertatis.*

La conservation des noms est celle des propriétés :
le salut de l'honneur est celui de la liberté.

CHERS CONCITOYENS,

LES calamités publiques et particulières
ne m'ont permis de recouvrer qu'une pe-
tite partie des nombreux matériaux ras-
semblés et préparés par feu mon père et
moi pour un supplément, assez vaste et
curieux, à l'histoire de France en général,
et notamment de quelques ci-devant provinces très-illustres et très-intéressantes,
à qui les nouvelles formes ont fait perdre
leurs lois, leurs traités, leurs prérogatives, leurs usages, leurs monumens,
leurs souvenirs, et jusqu'à leurs noms.
Cependant le désir de me rendre encore
de quelque utilité dans ce genre sans négliger mes devoirs civils et domestiques,

m'a fait sauver des naufrages et des incendies révolutionnaires une quantité considérable de débris et de fragmens dont, sans vous demander ni rétribution ni souscription, je vous offre l'hommage en détail, dans le cas où le tissu de revers qui m'accablent à l'âge du repos et du déclin, ne me laisseroit ni le tems ni la force d'en rédiger la totalité de manière à la rendre un peu digne du grand jour, et de vous être présentée (*a*).

De tout ce travail ancien j'ai fait, dans

(*a*) Les revers dont la nature et l'objet de ce Prospectus ne me permettent pas de faire un mystère absolu, ne sont, graces à Dieu, nullement provenus de torts ou d'inconduite. Ainsi, pourvu que je n'en fatigue pas la vue de mes lecteurs, je puis les leur laisser entrevoir sans me rendre suspect d'humeur, d'abattement ni de lamentation. Echappé, non sans beaucoup de pertes et de souffrances, aux fureurs Maratistes et Robespierriennes, qui ne me pardonnoient pas d'avoir été membre fidèle de quelques anciennes *légions d'honneur*, combien de plaies encore saignantes sur les premières cicatrices de mon cœur, ne se sont-elles pas rouvertes par de plus récentes qui l'ont frappé ? Comptant pour rien tout ce qui m'est personnel, et jusqu'à des maladies d'autant plus graves que mes facultés ne me permettoient plus les soins, les ménagemens et les dépenses qu'elles exigeoient, oh ! quelle douleur pour moi, quand j'ai vu, sans pouvoir y porter assez de soulagement, les peines de ce que j'avois de plus proche et de plus cher ! quelles angoisses et quels ravages n'ai-je pas essuyés de la part de ces noirs qui, dans une île où la couleur faisoit une distinction bien plus tranchante que la noblesse, ont tiré de si terribles conséquences, et tenté de si barbares imitations de la *jacquerie* ou *jacobinerie* de certains blancs d'Europe! *Ubi vis fit aut facit jus, vae victis ! sed ibi saepe res mutantur, et victores vincuntur.*

les courts intervalles de mes nouvelles occupations, beaucoup d'extraits indicatifs
de titres, mémoires et documens précieux
à quantité de familles de l'Empire Français,
et même à quelques-unes de la République
Italienne, où j'ai quelques rapports de
voyages, de connoissances et de parentés.
Dans mes recherches, il en est de nature
à parer, du moins en partie, les singu-
liers inconvéniens attachés à la méthode
introduite par des *niveleurs*, qui affectoient
d'oublier que certaines aînesses civiles sont
aussi convenables à la société, que l'aî-
nesse physique est indispensable dans la
nature. Je veux parler de l'altération, non
pas-du-tout officieuse, mais pour-ainsi-
dire officielle, de beaucoup d'actes dont
l'expédition n'est plus une fidèle copie de
leur original. La suppression de certaines
qualités fait quelquefois méconnoître l'i-
dentité des personnages dont il y est question ; elle jette une obscurité désagréable
sur des droits de succession ci-devant très-
clairs, et qui seroient encore les moindres
que ces qualités établissoient avant qu'on
eût cru devoir abolir ou discréditer une
monnoie idéale, tout à-la-fois moins coû-
teuse et plus précieuse que la métallique,
et qui n'a pas encore perdu son cours chez
les alliés et voisins dont nous voulons nous
rapprocher. Aujourd'hui qu'on a ressuscité
les qualifications contre lesquelles on s'é-
toit le plus déchaîné (telles que *sire*,
monseigneur, *majesté*, *altesse*, *excel-
lence*), peut-être va-ton revenir de la triste
manie de chercher à matérialiser l'esprit
de chevalerie, de noblesse et de patriotisme, comme on est revenu de celle d'a-

voir essayé de matérialiser jusqu'à l'ame et la pensée.

Cette altération des actes, comparable à celle que des éditeurs soi-disant philosophes se sont permis de faire aux passages religieux de plusieurs écrits de Bacon, de Pascal, de Pope, de Newton, de Leibnitz et d'Euler ; cette altération, dis-je, pour ne pas dire cette falsification, donne une espèce d'effet rétroactif contre la fidélité de l'Histoire. Elle s'est même étendue jusque sur des citations que des gens en place ont faites des annales et des chartes de la Nation Française ; et, comme tout ce qui n'est pas la vérité pure, elle peut devenir quelquefois préjudiciable à la morale et même à la saine politique qui, n'en déplaise aux partisans trop multipliés du Machiavélisme, ne doit jamais marcher sans morale.

Réduit en ce moment à une existence pénible, errante et précaire ; ayant parfois manqué d'asile pour moi comme pour les débris de ma bibliothèque, de mon laboratoire et de mon chartrier ; il ne m'a pas été possible de garder chez moi tous ces grands répertoires, dont je veux et puis encore aider ceux qui croiront en avoir besoin. Je les ai déposés dans une maison qui sera très-sure tant qu'on respectera les lois qui doivent nous garantir, au moins pour quelque temps, d'un nouveau retour du Vandalisme. L'estimable et modeste propriétaire de cette maison ne veut pas être connu ; mais il m'a gracieusement accordé toute liberté d'aller et venir, et de faire à mon gré tous les extraits et relevés possibles dans le cabinet rempli de mes papiers, mis à ma disposition totale, et que j'appelle mon *Herculanum*.

Ma résignation profonde aux décrets de la Providence ; ma soumission constante aux lois de mon pays ; l'habituelle direction de mes goûts, de mes occupations et de mon caractère, tels sont, chers Concitoyens, mes titres à votre confiance, ainsi qu'à votre indulgence. Je ne me suis jamais rebellé contre les établissemens et le vœu de votre majorité, du moins apparente, en ce qui ne portoit aucune atteinte évidente à la religion, sur laquelle il est impossible de capituler. Nul de vous aujourd'hui ne me blâmera d'avoir toujours improuvé, dans le for intérieur, des partis et des systèmes qui tous, après avoir quelque temps surnagé pendant nos tempêtes sur une mer de sang et de boue, ont fini par s'engloutir dans le fleuve de l'oubli. *Excidant illae dies !* ils ne reviendront point ces temps de vertige, d'avilissement et d'horreur, où la franchise passoit pour trahison, le regret pour révolte, les soupirs pour conspirations, où de prétendus Tell nous faisoient saluer le *bonnet* de Grisler ; où l'extrême asservissement d'une partie du peuple et de l'armée faisoit dire de beaucoup de Français ce qu'un Ancien disoit de beaucoup de Romains sous le règne de Caligula : *Agebant gratias et quorum liberi* (seu parentes, amici, propinqui, conjuges, patroni, duces) *occisi, et quorum bona ablata erant.*

Cependant l'étude de ce pauvre cœur humain, l'histoire de tous les pays et de tous les temps, ma propre expérience, et sur-tout les ravages du fléau révolutionnaire, tels que les redoublemens de défiance, de mauvaise-foi, de violence, d'injustice, de calomnie, d'avidité, d'envie, d'intrigue, d'agiotage, d'égoïsme, tout m'apprend que l'extrême malheur, avec quelque dignité que la Miséricorde céleste nous aide à le supporter, n'inspire guère cette confiance et cette indulgence que j'ose réclamer de votre part, et que je fus toujours loin de refuser à ceux d'entre vous que les rigueurs ou les faveurs de la fortune ne précipitèrent jamais dans le travers et dans l'avilissement. Malgré le petit nombre d'ames privilégiées dont le Ciel daigne encore honorer notre patrie, on peut dire en général, et trop véridiquement, que celui qui de nos jours, après y avoir été persécuté comme *suspect d'être suspect*, n'a d'autre dédommagement que d'être regardé comme sans conséquence, du moment qu'il est convaincu d'un grand ensemble de désintéressement et de détresse, éprouve à ses dépens combien sont littéralement applicables à notre époque ces vers de Boileau :

» Quiconque est riche est tout. . . . .

. . . .

» Mais tout devient affreux avec la pauvreté ».

C'est pourquoi, Chers Concitoyens, pour ne pas décrier l'entreprise où je cherche à vous servir, étant trop vieux pour essayer ni même espérer de me rendre utile dans un apprentissage de labour ou de gros métiers, je vous demande la permission de ne pas me nommer, et de profiter pour notre correspondance, de celle que

vient de me donner Mr. TOUSTAIN-
Frontebosc de Richebourg, grand-
père, ancien Censeur d'Histoire et de Belles-
Lettres, mon ex-collègue en ci-devant Etats
Provinciaux, ci-devant Academies Royales,
ci-devant grades et décorations militaires,
et ci-devant honneurs de la Cour ; même
en Notabilité Communale et Départemen-
tale, Jury d'accusation et de jugement,
Commissariat de bienfaisance, Municipalité rurale, et Trésorerie paroissiale, et
long-temps mon compagnon d'armes et de
littérature, avant de l'être devenu de mes
infortunes (*b*) et bastilles révolutionnaires.

(*b*) Ce qui nous a rendus tous deux le plus sen-
sibles au désavantage de devenir les premiers pau-
vres des lieux dont nos pères avoient été, durant
plusieurs siècles, les seigneurs et les bienfaiteurs,
c'est l'impuissance absolue de réaliser nos projets
de secours et d'encouragement pour la portion né-
cessiteuse de ces ci-devant vassaux, qui n'étoient
pas plus nos esclaves, que nos ci-devant suzerains
et quelquefois protecteurs ne furent nos tyrans.

Mon ami développe beaucoup d'idées analogues
aux miennes dans plusieurs ouvrages, autres encore que ceux qui sont dénombrés à son nom dans
les supplémens à la France Littéraire de 1777 et
1784, et dans le nouveau Dictionnaire Bibliogra-
phique de Mr. Desessarts. Je me contenterai d'in-
diquer ici, 1°. *Les Réalités des Figures de la
Bible*, dont il a préparé les retranchemens, additions, éclaircissemens et corrections désirées par
quelques lecteurs, malgré les éloges donnés à ce
livre par plusieurs journaux de 1797 ; 2°. son *Livre
de Famille*, dans lequel, non content de tracer le
précis de plusieurs milliers de races et de terres,
il s'étend sur toutes les branches de l'ordre naturel
et social, à-peu-près comme Montaigne, auquel
il n'a pourtant pas la présomption de se comparer,
peint tout le genre humain dans son propre portrait,

En conséquence, les personnes qui désireront quelques documens de possession, de famille ou d'hérédité, pourront se conformer à l'adresse qu'il va leur donner en mettant son attache au présent Ecrit. Il est bien entendu qu'elles auront la bonté d'affranchir leurs lettres. Elles auront aussi l'attention d'expliquer sommairement le but et l'intérêt de leur demande, car il n'entre dans mon cœur et dans mon plan que des vues d'obliger sans jamais nuire.

Je répète qu'il n'est ici question que de soins utiles, tant au droit d'hérédité et de propriété, qu'au maintien de la plus grande harmonie des races et des individus, par la preuve des nouveaux liens du sang qui resserrent et doivent rapprocher différens rameaux de la grande et unique famille du genre humain à des époques qu'il est encore permis et même convenable de connoître, et qu'ignorent souvent plusieurs des rejetons les plus intéressés à cette espèce de connoissance ou de jonction. Tel

---

après avoir inséré dans ses *Essais* jusqu'à ses brevets et à sa généalogie. Le premier tome du Livre de Famille est imprimé en 1799 ; le second, avec sa brochure complémentaire, en 1802 ; et le troisième, non moins curieux, reste manuscrit à cause de la position de l'auteur et de ses engagemens avec lui-même. Toutes les conditions de l'humanité y sont proportionnellement respectées depuis le sceptre jusqu'à la houlette qui lui sert et de contraste et d'emblême. L'auteur n'a permis ni l'annonce ni la vente du petit nombre d'exemplaires de ces variétés poëtiques et littéraires, historiques et morales, politiques et militaires, généalogiques et religieuses. C'est un recueil fait pour orner la mémoire, former le jugement, élever et fortifier l'ame des enfans de ceux auxquels il l'a gratuitement distribué.

est notre principal objet : ses accessoires le rendront plus important encore , puisque nous offrons de pareils documens à ceux qui s'occupent de l'histoire de France. Peut-être aurons-nous la satisfaction de les servir principalement , 1°. sur l'avénement (*c*) de la troisième dynastie qui , très-indépendamment des systêmes chronologiques et généalogiques sur l'identité des trois races , Mérovingienne , Carlienne et Capétienne , nous paroît mieux jugé par M. l'Evêque *(Introduction à l'Histoire des Valois)* et par Dom Poirier *(Mémoire lu en 1785 à l'Acad. des Inscriptions)* que par les Abbés Velli , Millot et Mably ; 2°. sur les départemens qui furent le berceau des Rohan , Rieux , Du Guesclin , Richemont , d'Argentré , la Noue , Lobineau , Bougeant , Coetlogon , la Bourdonnais , Maupertuis , Bouguer , la Chalotais , du Guai-Trouïn ; des Hauteville , Harcourt , Béthencourt , d'Estouteville , Graville , Duperron , Malherbe , Corneille , Bochart , Huet , Mezerai , Basnage , Noël Alexandre , Des Alleurs , Duquesne , Tourville , Fontenelle et Vertot.

Ce genre de communication fait pour toutes les classes de citoyens , n'en doit

---

(*c*) Depuis Robert le Fort , bisayeul de Hugues Capet , et le plus grand seigneur de France dès 861 , cette famille illustre et puissante en Europe , avoit rendu les plus grands services au Royaume. Elle en avoit même deux fois porté la couronne , que deux fois elle avoit rendue aux Carlovingiens déjà dépossédés de l'Empire et de plusieurs Etats ou Provinces par l'élection souvent usitée dans ce temps. Au surplus c'est le roi éternel des siècles qui dispose à son gré des sceptres périssables de la terre.

prévenir aucune contre les membres déjà si maltraités et si calomniés de la ci-devant Noblesse, puisque l'immense et fidèle pluralité de cet Ordre (*d*) illustre et malheureux a beaucoup moins gémi de sa destruction que du bouleversement de la patrie : semblable à ce généreux St. Hilaire, qui s'affligeoit beaucoup moins de la perte de son bras, que de celle du grand Turenne enlevé par le même boulet.

Les meilleurs et les plus célèbres historiens, politiques et philosophes anciens et modernes, étoient pour cette immémoriale et universelle institution de noblesse, contre-poids de l'or, frein de licence et de

---

(*d*) Encore une fois, cet Ordre généralement héroïque et bien élevé, pour qui certaines obligations ou préférences ne furent jamais insulte ni exclusion pour ceux qui n'y étoient point nés, ne se prétendoit pas exempt de la tache imprimée sur toute notre espèce depuis la chute de notre premier père. Comme il avoit, ainsi que les autres Ordres, des variétés ou gradations de rangs et de nuances, il ne faut pas s'étonner que, vu l'universelle et constante minorité du nombre des sages, vu la pente ordinaire de la grande pluralité des hommes aux petitesses de la vanité et de l'envie, quelques rejetons des nuances supérieures n'ayent dans la noblesse (comme dans la roture) substitué la hauteur à la dignité, de même que quelques-unes des inférieures auront employé quelquefois la brusquerie, l'humeur et la détraction en guise de courage, de franchise et de philosophie. Hommes si remplis d'imperfections, reconnoissez donc enfin votre besoin mutuel de support et d'indulgence ! Comme il n'est jamais entré dans les fautes trop fréquentes de ma vie, d'offenser aucune classe ni aucun individu de la société, j'ai peut-être acquis le droit d'insister sur certaines convenances et vérités que les passions révolutionnaires ont trop obscurcies.

tyrannie , mobile et récompense de talens ,
de services et de vertus; établie chez toutes
les nations entièrement ou à - demi - civi-
lisées , insulaires ou continentales. Les so-
phismes enfantés contre elle par la con-
juration de l'envie , du brigandage , de la
révolte et de la mauvaise-foi , ressemblent
à ceux qu'on a lancés avec non moins de
fougue et de déraison contre l'hérédité des
trônes et la propriété des particuliers. Les
états qui embellissent le plus la société ,
perdroient leur cause devant des juges
aussi prévenus , aussi passionnés que ceux
qui se sont empressés de condamner la
noblesse sans l'entendre. De pareils juges
ne verroient dans le commerce que l'accaparement , l'usure et la banqueroute ; ils
ne verroient dans les sciences , la littérature et les arts que le mauvais profil , et
ces abus exagérés dans les éloquentes et in-
génieuses déclamations de J. J. Rousseau.
Les sages de tous les siècles et de tous les
pays n'en ont pas moins pensé que le patriotisme et le véritable honneur redou-
blent d'énergie et de pureté partout où ,
sans exposer la classification sociale à de
trop vives secousses , et ses membres à de
trop fréquens et trop brusques déplace-
mens , les familles sont animées de cette
louable émulation qui garantit et d'un lâ-
che engourdissement et d'une basse jalousie , et qui leur fait aimer à retrouver des
vestiges de leur existence particulière dans
l'histoire générale de leur nation. Hélas !
malgré l'avantage d'avoir donné le jour ou
l'adoption à tant de grands hommes dans
tous les genres , cette noblesse qui ne fut
jamais une création , encore moins un

abus de la féodalité (*e*), cette noblesse révérée dans des républiques et des royaumes qui n'ont jamais connu l'usage des fiefs, et quelquefois accordée chez nous à de respectables citoyens qui n'en ont jamais possédé, est maintenant réduite en France à dire aux autres classes de ses compatriotes, comme Noëmi disoit aux femmes de Béthléem, « Ne m'appelez plus belle, mais amère ; parce que le Seigneur m'a remplie d'amertume ».

Nombre d'autorités profanes et sacrées prouvent qu'excepté dans ces états de vocation rare et particulière qui malheureusement n'existent plus en France (*f*), et

---

(*e*) Il y a plus de vingt ans que mon ami a réfuté cette erreur et bien d'autres, dans quelques articles de l'Encyclopédie Méthodique, et dans plusieurs passages d'autres livres. Avant lui, Boucher d'Argis avoit établi dans la première Encyclopédie, des principes conformes à ceux de Montesquieu, sur ce que pouvoit être une monarchie sans noblesse.

Parce qu'on avoit inféodé ou féodalisé tant de propriétés et de dignités, et jusqu'à la justice, faudra-t-il ne dater leur naissance que de celle des fiefs, et priver la société de patrimoines, d'emplois et de tribunaux ? — Avec quelle force Nicole étayé de Pascal, dans son *Traité de la Grandeur*, n'a-t-il pas réfuté d'avance les plus captieux des paralogismes répétés de nos jours contre les titres héréditaires, dont Fénélon, Bossuet, Rollin et Montesquieu font l'apologie chez les modernes, comme Aristote, Cicéron, Plutarque et Salluste, chez les anciens.

(*f*) Ni la liberté, ni la morale, ni le commerce n'ont à se féliciter du travestissement qu'ont subi ces asiles volontaires de recueillement, d'études et de prières, devenus trop souvent les retraites forcées où le crime enfermoit l'innocence. C'est de là qu'on trainoit successivement un si grand nombre de victimes aux *auto-da-fé* révolutionnaires, comme des

dans lesquels on renonce tout-à-fait aux choses du siècle pour ne s'occuper exclusivement que de celles de l'éternité, l'humilité chrétienne fait plutôt un devoir qu'un crime de se rappeler ses ancêtres, soit pour imiter leurs vertus, soit pour réparer leurs écarts. Il y a long-temps qu'on a reconnu que ce ne sont pas les plus orgueilleux qui cherchent à retracer la mémoire de leurs pères, ni les plus modestes qui tâchent d'effacer le souvenir des leurs. Il n'y a que du courage, et nullement de vanité de la part du ci-devant noble qui, sans prétendre à la supériorité, comme sans se prêter à l'abjection, conserve les sentimens et les obligations de son état après en avoir perdu *sans forfaiture* les droits et les prérogatives (*g*), et qui con-

---

moutons qu'on tire du parc pour les mener à la boucherie. Tout en pardonnant ces exécrables sottises, gardons-nous de la légèreté peu philosophique et peu chrétienne qui les feroit oublier, puisque leur souvenir peut empêcher leur retour. Entr'autres livres des plus modernes sur l'utilité des monastères, quant ils ne sont ni relâchés ni trop nombreux, voyez 1. *Des causes du bonheur public*; 2. *Le Solitaire patriote*; 3. *Théorie du pouvoir politique et religieux dans la société civile*; 4. *Génie du Christianisme*.

(*g*) Ces prérogatives étoient presque purement honorifiques, et les exemptions pécuniaires en faisoient la moindre partie. Celles-ci d'ailleurs communes à plus de citoyens du Tiers-Etat en charge ou en place, qu'il n'y avoit de nobles en France, sont défendues et motivées dans plusieurs bons ouvrages, entr'autres dans celui que l'autorité foiblissante laissa trop étouffer par le démagogisme naissant, et qui parut en 1789 sous le titre de *La Monarchie Parfaite*, ouvrage qui peut servir de suite au *Principe fondamental du droit des Souve-*

vient de sa naissance dans un temps où elle n'est que jouet et danger, plutôt que de l'abjurer comme cet infame Clodius à Rome, ou de la renier comme ces Juifs terrorisés qui déguisoient leur circoncision devant les agens du persécuteur Antiochus. Règle générale : l'égalité n'est qu'illusoire pour les classes attaquées ou dégradées par une révolution qui d'abord emprunte les couleurs de la popularité. Une longue et pesante oppression devient ordinairement leur partage. Les premiers proclamateurs de cette impossible égalité commencent par ne la vouloir qu'en dessus, jamais en dessous, si ce n'est dans certaines crises où leur charlatanisme a besoin d'aduler et d'électriser cette multitude aveugle qu'ils sauront bientôt réduire encore mieux qu'ils

---

rains, donné dès 1788 par le même auteur, feu M. le Roi de Barincourt, Conseiller au grand Conseil. Notre ancienne constitution n'y est guères moins justifiée que dans l'excellent *Esprit de l'Histoire* de M. Ferrand, Conseiller au Parlement de Paris. Dans les mensonges qui continuent de s'imprimer, on a l'impudence d'avancer encore aujourd'hui que la Noblesse et le Clergé, dont les fermiers étoient souvent plus taxés que ceux du troisième ordre, ne payoient rien sous l'ancien régime. Faute de bonnes raisons, les prétextes calomnieux s'employent toujours contre ce qu'on veut ou qu'on a voulu détruire. En Dauphiné, où il ne subsistoit pas, même en apparence, la moindre inégalité ou distinction entre les impositions nobles et roturières, les châteaux ont-ils été moins incendiés, et les gentilshommes moins persécutés qu'en Bretagne ? Le Jacobinisme, dès son berceau, poussa l'insolence, l'ingratitude et la mauvaise-foi jusqu'à répondre aux sacrifices généreux et peut-être trop précipités des deux premiers ordres par la satirique et scandaleuse application du vers de l'Enéide : *Timeo Danaos et dona ferentes.*

ne l'ont su séduire. Puis non contens d'avoir abaissé par la violence et l'intrigue ceux au niveau desquels ils ne se sont point élevés par les vertus ou les services, on les voit aspirer à la supériorité la plus absolue, fallût-il, pour y parvenir, réduire à la condition d'Ilotes les citoyens dont l'ancien rang ou l'ancien éclat faisoit le plus d'ombrage à leur jalousie ardente, à leur amour-propre aussi démesuré que mal-entendu.

Dans nos derniers troubles parlementaires, une des lectures qui me paroissoient les plus propres à calmer ou diriger les enthousiastes, à montrer, pour les prévenir, les dangers et du trône et de la nation, c'étoit celle des Mémoires du Cardinal de Retz. Dans nos premières convulsions révolutionnaires, les mêmes intentions de sagesse et de tranquillité publiques, me faisoient recommander l'Histoire du Bas-Empire, pour empêcher le retour des abominations dont alors celle d'aucun autre pays chrétien n'offroit tant la fréquence et la difformité. Malheureusement l'heure fatale étoit sonnée : de plus puissans et plus éclairés donneurs d'avis que moi ne furent pas mieux écoutés, et ne réussirent pas mieux à prévenir les plus indécentes parodies non-seulement de toutes les petites grandeurs de la terre, mais des principes et des usages les plus respectables, sans en excepter les cérémonies religieuses. Ce fut aux veilles et aux lendemains des solemnités et des pompes décrétées avec tant d'apparat pour les fêtes illusoires ou dérisoires de la vieillesse, de l'héroïsme et du malheur, qu'on affecta de renouveler les *St. Barthelemi* philosophiques, et de trainer en plus grand nombre au supplice ou dans les cachots, de vénérables ecclésiastiques, guerriers et magistrats blanchis dans l'exercice de leurs devoirs, et dont aucun n'avoit jamais opprimé le moindre de ces modernes Spartacus, qui sans avoir les griefs de l'ancien, traitoient la noblesse et la première bourgeoisie de France comme les gladiateurs insurgés traitèrent les patriciens de Rome.

A la vérité les Français ne croyent plus aux féroces novateurs et aux faux patriotes qui, dénigrant ce qu'il y a de mieux dans l'espèce et la société humaines, dont aucune classe n'est composée d'anges, taxoient de morgue et de préjugé les défenseurs de la noblesse ; de fanatisme et de superstition les défenseurs du clergé ; de banqueroute et d'accaparement les défenseurs du commerce ; d'aristocratique hypocrisie les défenseurs du peuple, non flatteurs d'une populace mutinée. Les imprécations et les insultes prodiguées aux plus imposantes des formes et des qualifications usitées dans les états chrétiens, n'empêchent pas la France d'y revenir avec une sorte d'empressement. Mais pourquoi se trouvera-t-il encore des empiriques affectant de se persuader et de persuader aux autres que la nation croit élever sa masse en ravalant son élite ? A l'instant où l'on relève les monumens que le plus ignoble démagogisme avoit renversés, et que nos monarques avoient érigés à l'héroïne de Vaucouleurs (*h*), pourquoi méconnoître

---

(*h*) Comme la reconnoissance et l'équité ne perou dégrader la postérité de ceux qui se distinguèrent au service du Roi qu'elle fit sacrer à Rheims, de ce roi justement sur-

---

mettent pas de négliger les suffrages d'un sexe consolateur du nôtre, disons que Jeanne d'Arc n'étoit pas moins portée pour la noblesse que les comtesses de Blois et de Montfort, braves guerrières du siècle précédent. Ainsi pensoient nos premières femmes de lettres du grand règne de Louis XIV et des premières années du suivant, telles que Mme. Dacier, Mlle. Scudéry, les marquises de Sévigné, de Lambert, du Châtelet, etc., etc. Ainsi pensoient encore ces héroïnes couronnées depuis Blanche de Castille, mère de St. Louis, et Anne de Bretagne, femmes des rois Charles VIII et Louis XII, jusqu'aux impératrices Marie-Thérèse d'Allemagne et Catherine Seconde de Russie.

Voyez le *Livre de Famille* de M. de Toustain, bien que cet ouvrage rempli d'intéressans mélanges, se ressente des agitations au milieu desquelles il a été composé et imprimé. Du troisième tome encore manuscrit, que l'auteur n'a peut-être communiqué qu'à moi, je me permettrai d'extraire dans cette note, à l'usage de ceux qui ont les deux volumes imprimés du même format, une seule addition, une seule annotation, et deux seules corrections typographiques, l'une pour les vers, l'autre pour la prose.

1. Tom. I. p. 356, l. 7 en remontant. Après Génie, *ajoutez* : Cette Dame s'est remariée à M. de la Rochefoucauld, Ex-Cordon-rouge, en 1803, année de la mort de l'ancien Lieutenant-général Ex-Marquis de Toustain, ci-devant décoré du même cordon, dont le neveu François-Etienne-Marie-Thérèse de Toustain, ancien Colonel, Ex-Chevalier de St. Louis, vient de mourir en 1804, laissant deux enfans en bas-âge de son mariage avec Mlle. Foullon, fille de M. Foullon de Doué, Ex-Maître des requêtes, et ci-devant Intendant du Bourbonnais, nièce de M. Foullon d'Ecotier, aussi Ex-Maître des requêtes, et ci-devant Intendant de la Martinique, et petite-fille du Conseiller d'Etat, ancien Intendant de la Guerre, lequel étant proposé pour une place

2

nommé le Victorieux, et dont M. de Toustain a défendu la mémoire dans une lettre à la municipalité d'Orléans, comme M. Dutens l'a fait dans un article du journal des débats ? Et lorsqu'il s'agit d'enflammer, d'électriser les Français au souvenir de la

---

de ministre, devint ainsi que son gendre M. Bertier de Sauvigni, Intendant de Paris, l'un des premiers martyrs de la licence populacière, si mal nommée *bonté du peuple* et *liberté nationale*. La famille de cette Dame avoit contracté (notamment en 1630, 1552 et 1545) des alliances qui lui donnoient, avec celle de son mari, des affinités marquées dans d'autres passages de ce troisième volume.

2. Tom. II. p. 213, au bas de la note. *Annotez* que le P. Kircher tomba lui-même dans une méprise semblable à celle des deux érudits cités dans ce passage, et qu'il s'en est commis d'équivalentes par d'autres habiles gens en divers genres, tels qu'Antiquités, Médailles, Peintures, Statues, Histoire Naturelle, Physique, etc... *Ici quelques exemples très-frappans et non satyriques, puis la réflexion suivante...* Nul homme n'est à l'abri d'inégalités et d'erreurs, même dans le genre où il excelle ; et de pareils traits, sans favoriser l'envie, la malignité, la paresse, l'ignorance ni l'incapacité, sont propres à prévenir ou guérir et l'enflure de la science et l'aigreur de la critique.

3. Tom. II. p. 182, *entre les rimes* sincère *et* austère, *rétablissez ce vers oublié :*

Et cessant d'ériger les crimes en vertus.

4. Tom. II. p. 987, ou p. 43 de la brochure qui le termine, *lisez au dernier alinea* p. 553 (avec étoile) ou p. 553*, au lieu de p. 563.

Pour l'histoire et la chronologie de beaucoup de lieux, ce livre, en y comprenant la partie restée manuscrite fourniroit beaucoup d'additions et de corrections à la *Description de Haute-Normandie* par Dom Duplessis, et au *Dictionnaire de Bretagne* par M. Ogée.

conquête d'Angleterre , est-ce répondre à
de telles vues , que de tenir dans l'appau-
vrissement ou l'abjection les descendans
reconnus ou présumés des vainqueurs d'Has-
ting , et généralement la très-grande pluralité des familles entrées plus ou moins
tard dans l'ordre auquel appartenoient les
généraux et les officiers de l'armée de ce
vaillant Duc de Normandie , dont quelques
sujets émigrés pendant son orageuse minorité , devenoient princes en Italie tandis
qu'il devenoit roi d'Angleterre ? N'est-ce
pas encore la postérité de ce héros qui ,
par cascade maternelle ou féminine dans
un pays non-sujet à la loi salique, occupe
le trône qu'il avoit conquis il y a près de
sept siècles et demi ? N'est-ce pas en succession, descendance et représentation de
sa maison (alors fondée par les d'Anjou
chez les Tudor , comme elle l'est de nos
jours par les Stuart chez les Brunswick)
que regna cette Elisabeth (*i*) qui fournit

(*i*) Quel malheur que cette reine alliée de Henri-
le-Grand ait terni sa gloire par tant de persécutions contre les Catholiques , et par l'emprisonne-
ment et le supplice de Marie Stuart ! Elle est men-
tionnée d'une manière particulière dans un Ecrit de
M. de Toustain, dont je me permets d'extraire cette
tirade analogue à quelques-unes de mon texte.
» Lorsque Démosthène défendoit le décret de la
» véritable et libre démocratie, qui , bien diffé-
» rente de la cohue destructive des couronnes no-
» biliaires, lui avoit décerné une couronne d'or ,
» l'assemblée républicaine, composée de la presque
» totalité du peuple, lui prêta constamment une at-
» tention qui lui permit de confondre un rival for-
» midable. Celui-ci tâchoit de séduire la multitude
» en obscurcissant la bonté des avis de Démos-
» thènes par la sinistre peinture du malheur des

des secours à notre magnanime Henri IV, contre les armes et les invectives d'une faction rebelle qui s'intituloit la Nation (*k*)? Aujourd'hui que les essais de la plus funeste pratique ont guéri le peuple et le gouvernement Français de la frénésie des

---

» événemens. *Dieu*, reprend le prince des ora-
» teurs, *Dieu seul dispose de la victoire..... C'est*
» *par la nature de mes conseils que vous devez*
» *juger de mes intentions... Non, Citoyens, non*
» *vous n'avez point failli. J'en jure par nos an-*
» *cêtres, par ces grands hommes qui ont combattu*
» *à Marathon, à Platée, etc. etc.*

» Et de même combien de Français, que leur
» patriotisme même rendoit récalcitrans à toutes les
» tentatives d'extravagance et d'oppression faites
» avant que la France, destituée de son ancien
» gouvernement, s'en fût donné un qui ne fût pas
» indigne de ce nom ; combien, dis-je, pouvoient
» s'écrier : *Non, nous ne fûmes ni des rebelles,*
» *ni des coupables, ni des insensés. Nous en ju-*
» *rons par nos pères, par ces hommes loyaux et*
» *généreux qui suivirent le panache de Henry IV*
» *dans les plaines d'Arques, d'Ivry, etc.*

Pendant qu'à tant de bons sujets restés en France, on appliquoit ce vers de Virgile :

Heu fuge crudeles terras, fuge littus avarum :
» Fuis ces terres de sang, fuis ce rivage avare » :

tant d'autres sujets non moins précieux qui, pour se soustraire à des vexations infiniment plus étendues et plus terribles que celles qui suivirent la révocation de l'édit de Nantes, s'étoient réfugiés au loin comme jadis Thémistocle, Alcibiade, Brutus et Sertorius, purent s'appliquer le vers de Corneille :

» Rome n'est plus dans Rome, elle est toute où je suis.

(*k*) Voyez la note immédiatement précédente.

plus absurdes théories , est-il de leur sagesse et de leur dignité de faire payer à
leurs ex-nobles le tribut de leur mauvaise
fortune , comme Philopémen disoit qu'il
payoit celui de sa mauvaise mine , quand
une femme dont il vouloit honorer le mari
d'une visite , l'occupa comme un fendeur
de bois ?

Pour en revenir à l'objet spécial de cet
Écrit , j'avertis que le droit de recherche
ne coûtera rien du tout , puisque je trou-
verai mon salaire dans le plaisir d'obliger.
Ainsi , par la combinaison de ce goût
agréable avec une position qui ne l'est guères , les intéressés n'auront à payer que
la modique indemnité de course et de copie lorsqu'ils répliqueront (toujours *franc
de port*) à la réponse dans laquelle on les
informera si les répertoires en question
renferment quelque chose de relatif à leurs
demandes , et combien pourroit coûter la
note ou la transcription. Ces intéressés ou
curieux sentiront d'avance que l'exactitude
même à les bien servir nécessitera souvent
des délais. Jamais on ne commettra la mal-
honnêteté d'abuser de leur correspondance
sur des détails de parenté , d'héritage , de
possession , même d'Histoire. Tôt ou tard
et sans faute , ils recevront réponse à toutes les lettres *affranchies* , soit que M. de
Toustain fasse ou non les nouvelles courses
dont il est menacé pour ses affaires, et qui
ne doivent pas s'étendre au-dela du terri-
toire français.

Sur ce , chers Concitoyens , agréez le
respect et l'attachement d'un serviteur dont
le zèle est pur , et dont la signature vous
seroit d'autant plus inutile qu'elle est sup-

pléée par le nom d'un compatriote qui n'est, je crois, inconnu ni indifférent à plusieurs d'entre vous.

Attache de M. de Toustain-Richebourg.

Sous un gouvernement fort et juste, il n'y a ni danger ni mérite à garantir et représenter un anonyme bon français, qui ne joint à une grande activité et à de profondes études, que des sentimens et des vues légitimes et honnêtes. On a souvent observé que le meilleur livre, même sur les matières les plus sérieuses, n'est pas à l'abri des plaisanteries, sur-tout chez une nation dont les bonnes qualités s'altèrent quelquefois par son humeur railleuse et légère, au point qu'on l'a vue se jouer de sa religion, de son gouvernement, de sa constitution, de ses mœurs, de ses lois, de ses formes, de ses établissemens, de ses fortunes, de ses plus augustes chefs, de ses plus recommandables citoyens des deux sexes. Mais outre que de telles plaisanteries ne sont jamais de force à détourner d'un bon travail ou d'un bon projet l'anonyme expérimenté et prémuni qui sait les entendre et les accueillir, selon qu'elles sont plus ou moins supportables, deux motifs prouvent qu'il courra moins que bien d'autres le risque peu dangereux de les essuyer. 1°. Il ne publiera que le présent Prospectus dont ma garantie me fait partager le tort ou le travers, s'il y en a. 2°. Ce n'est pas assurément par un caractère d'auteur, ce n'est pas du tout par un recueil en gros et imprimé, c'est

par courtes indications ou notes en détail
et manuscrites, qu'il servira la portion de
ses compatriotes qui pourra s'intéresser,
au moins secrètement, à ses recherches et
collections historiques, généalogiques et
diplomatiques, autant que plusieurs autres
paroissent s'intéresser hautement à la dis-
section d'un insecte, à l'anatomie d'une
plante, à la description d'une coquille ou
d'un fossile, à l'explication d'un hiéro-
glyphe indéchiffrable ou d'une momie dont
le sujet reste inconnu, à la découverte
d'une médaille de Tibère ou de Néron,
recueillie avec autant d'ardeur qu'on en
a mis à renverser les statues d'Henri IV,
de Louis XIV, de Condé, de Turenne et
de Montmorenci (1).

----

(1) Cette dernière fut trainée de Chantilli à la
Grève par l'influence de gens qui reprochoient à
une chanoinesse de ma connoissance, d'être aussi
reconnoissante des titres que l'abbé Visconti avoit
recouvrés sur son douzième aïeul, général et comte
impérial en 1278, que les antiquaires le furent de
la découverte faite par le même savant d'une statue
d'Antisthènes, *le prince des cyniques*. Cette statue
fut achetée en 1773 par le Souverain Pontife ainsi
que celle d'Héliogabale, *le Sardanapale des Romains*, dont l'effigie, sans le mérite de l'artiste,
auroit dû partager le traitement fait jadis à sa personne. L'Anonyme, tout en recommandant la mémoire de leurs ancêtres à ceux qui veulent se rendre respectables à leurs descendans, aimeroit mille
fois mieux descendre de l'esclave Epictète que d'un
tel empereur. Comme il a copié de mon 3me. volume manuscrit quelques-uns des *errata* que j'ai
relevés de plus aux deux tomes imprimés de mon
Livre de Famille, qu'il me soit encore permis de
consigner dans cette note le correctif d'une fausse
information que j'avois reçue concernant un esti-

Entre les genres d'occupation convenables ou licites chez la frêle humanité, peut-être n'en existe-t-il point qui n'ait son côté ridicule ou défavorable, comme son côté grave et avantageux. Or mon goût semblable à celui de l'Anonyme, me porte habituellement de préférence sur ce dernier. Je ne me rappelle même pas qu'il me soit jamais arrivé de persiffler ou dénigrer rien de ce qui peut être susceptible d'utilité, d'encouragement et de louange. De plus cet Anonyme, dont je me rends caution, fut toujours incapable d'offenser un particulier quelconque, à plus forte raison les institutions et les autorités constituées, dont je sais que plusieurs membres distingués l'aiment et sont aimés de lui, vu l'identité de leurs intentions pour le bien, sans que je sache néanmoins jusqu'où va la différence ou la conformité de leurs opinions sur les moyens (*m*).

---

mable allié vivant. Tom. II. p. 754. lig. 5 et 6, *au lieu de* Duparc Lomaria, *lisez* Grandin du Parc, des seigneurs de Grainbouville et de St. Martin, maintenus dans la Généralité de Rouen par la Galissonnière à la recherche ou réformation de 1666.

(*m*) Auguste en tâchant de faire pardonner un triumvirat turbulent, spoliateur et sanguinaire par un empire libéral, clément et pacifique, conserva le sénat et le Patriciat. Il se mit par conséquent au rang des grands princes et des grands législateurs qui, dans tous les temps et tous les pays, depuis Thésée jusqu'à l'immortelle Catherine II, ont protégé cette première des institutions et des propriétés, institution chère à Charlemagne comme à Louis XIV, et non moins honorée des Gaulois, des Germains et des Scandinaves nos ancêtres, que des Egyptiens, des Grecs et des Romains. Ce n'est pas au fond d'un village, où je n'ai pas seulement,

Par toutes ces considérations , je consens qu'on m'adresse *franches de port* toutes les lettres relatives à l'objet de ce Prospectus. Et même , avec les pouvoirs et les instructions de l'auteur, je me chargerai , selon les circonstances , de répondre et satisfaire aux demandes qui me seront envoyées pour cet ami de la vérité , de l'ordre et de la patrie. Dans ce cas , et d'après nos conventions , ma signature équivaudra toujours à la sienne. Mon adresse est , *Au citoyen Toustain ; à St. Martin-du-Manoir , par Montivilliers, Seine-Inférieure.*

---

comme Candide, le loisir ou la facilité de cultiver mon jardin , que je développerai toutes les vérités que j'énonce tant au texte que dans cette note. De plus ,

« Le talent d'ennuyer est celui de tout dire » ,

et je crois qu'il suffit de mettre le lecteur intelligent sur la voie de ces vérités que j'ai prouvées amplement ailleurs , en établissant aussi que la Muse de l'Histoire , ainsi qu'Helvétius l'a dit de ses sœurs , et sur-tout de la Muse de la Poésie , n'est qu'une villageoise quand elle ne respire pas de temps en temps l'air des grandes villes. Un ex-militaire , homme de lettres , confiné sur ses vieux jours dans une campagne délabrée où sa position ne lui permet ni le commerce fréquent des sociétés environnantes , ni la tranquillité du cabinet , ni les entreprises rurales , ni même souvent les consolations religieuses , un tel homme , dans une situation si bisarrement affligeante , peut bien quelquefois , sans choquer d'aimables et respectables voisins , appliquer au lieu de son exil ou de son hermitage ces vers d'Ovide :

Si quis in hâc ipsum terrâ posuisset Homerum :
Esset, crede mihi, factus et ille Getes.

Fait double, au domicile susnommé, ce 28 Messidor XII, ou 17 Juillet 1804, 15me anniversaire du jour où le 67me roi de France vint à Paris calmer le peuple, dont les représentans témoignèrent un grand chagrin des excès déjà commis, jurèrent conservation du Monarque et de la Monarchie, et ne demandèrent à Sa Majesté que ce qu'elle avoit accordé : liberté de la presse et des consciences, diminution des dépenses et des impôts, suppression des emprisonnemens illégaux et arbitraires, sûreté des personnes et des propriétés.

CHARLES-GASPARD TOUSTAIN,

Ex-pensionnaire de l'État.

EXTRAIT d'une Lettre écrite par l'Auteur à Mr. de Richebourg, en recevant par son canal une épreuve de cette Annonce d'Indications.

Sans doute, Monsieur, pour l'économie de ma bourse, comme pour celle du temps de mes lecteurs et du mien, j'aurois dû, conformément à votre avis, ne faire qu'une page d'annonce au lieu d'une feuille et demie de prospectus ; mais dans un imprimé qui sera peut-être le dernier de ma façon, pardonnez-moi d'avoir moins suivi votre conseil que votre exemple.

Le plan d'utilité publique et particulière que j'ose annoncer, n'est pas du tout une entreprise mercantile (*n*). C'est pour en mieux convaincre le petit nombre de mes lecteurs, ainsi que pour leur en faire excuser, ou même goûter la singularité, que je me livre à cette expansibilité de caractère que chacun d'eux jugera suivant la nature du sien. J'espère toujours qu'il s'en trouvera près de qui ces effusions cordiales, ce ton de confiance et de candeur me dédommageront des traits de satyre et de mauvaise plaisanterie que le persifflage de tous les temps, et sur-tout celui d'un temps révolutionnaire n'épargne point à ceux qui sincèrement épris, vivement animés du vrai patriotisme, tâchent de conserver les monumens, souvenirs et renseignemens honorables tant pour la nation en général que pour grand nombre de familles et d'individus en particulier. Au feuilleton du journal des débats, du 17 frimaire XII, je remarque sur les *Portraits* et le *Salon de Famille* un article bien confirmatif ou justificatif de ceux de votre *Livre de Famille* sur la mémoire, le respect et les portraits des ancêtres. J'y vois aussi, concernant une loi des Egyptiens, un passage bien conforme aux idées qu'on trouve à ce sujet dans *l'Esprit de l'Histoire* de M. Ferrand.

Mes sorties contre les effroyables progrès d'un vil et dur égoïsme, ne me rendent pas injuste envers les respectables citoyens et citoyennes qui jusqu'à présent se sont si noblement préservés de cette honteuse épidémie. Un homme de lettres

______

(*n*) On ne demande que l'affranchissement des lettres, et l'indemnité des écritures.

s'occupe de consigner dans un recueil intéressant les noms de ces personnages exemplaires dont la conduite met en pratique cette maxime de Mr. Delille dans le poëme de la Pitié,

, « Vos parens malheureux ont droit à vos secours » ;

tandis que beaucoup d'autres prennent au pied de la lettre cette tirade du *Méchant* de Gresset :

« La parenté m'excède , et ces liens , ces chaînes
De gens dont on partage et les torts et les peines ,
Tout cela préjugés , misères du vieux temps :

. . . .

           Selon moi ,
Tous ces noms ne sont rien , chacun n'est que pour soi ».

Entre les auteurs qu'on met le plus sous la main des jeunes-gens , et qui ne sont assurément suspects d'aucune partialité pour la Noblesse , deux , un de chaque sexe , ont écrit dans mon systême sur l'utilité spéciale dont elle étoit à la patrie. (Voyez Pluche , au 7me tome du Spectacle de la Nature , et Mde le Prince de Beaumont dans la 4me partie du Mentor Moderne).

Il y a plus : Chevert n'avoit pas une autre opinion que la vôtre et la mienne à cet égard , quoiqu'à douze ans , au sortir du collége , il eût obtenu pour une sous-lieutenance d'infanterie la préférence sur un gentil-homme de quinze également au collége , c'est-à-dire sur l'infériorité ou supériorité *personnelle* duquel on ne pouvoit pas encore prononcer plus que sur la sienne , ni plus que sur celle du Comte de St. Germain (*o*) qui, noble sans fortune, s'étoit élevé par autant de talens, de travail et d'actions que le même Chevert.

La destruction de toute prérogative de naissance, et de toute autre distinction que celle des places ou de la faveur, fait qu'il n'y a plus de distinction sensible au vulgaire que dans la richesse ou l'élégance du vêtement. Par-là nécessairement elle conduit à la ruine ou à l'humiliation grand nombre de particuliers, sur-tout chez un peuple généralement vain et ami de l'ostentation. C'est-là que le sexe le plus avantagé des graces de la nature n'est pas le plus économe des dépenses de l'art. C'est alors que les femmes de chaudronniers et de cordonniers veulent quelquefois représenter comme épouses d'*artistes*, tandis qu'au commencement du siècle dernier les peintres, les musiciens et les poétes mêmes ne s'offensoient pas de la dénomination

____

(*o*) Il n'est ici question que des services et qualités militaires de ce général, abstraction totalement faite de son ministère.

On crut en France jusqu'au 19 Juin 1790, comme on croit encore dans le reste de l'Europe, que la Noblesse étoit le plus sûr et le plus beau des *cautionnemens* à donner pour certains emplois. L'annoblissement de Jean Bart préserva son fils de l'espèce de nécessité, toujours embarrassante pour le mérite délicat et modeste, de ne parler que de soi-même, en transmettant à ce fils (qui devint Vice-Amiral) les droits que nos autres grands marins Duquesne, d'Estrées, Forbin, Tourville et Châteaurenaud avoient reçus de leurs pères ; droits qui produisoient au profit de l'Etat et de la société l'émulation la plus généreuse entre ceux qui travailloient à les justifier et ceux qui tâchoient de les acquérir.

d'artisans que leur donne l'académicien Dubos, dans ses *Réflexions critiques*. Où les veaux croiront se faire éléphans, les grenouilles s'enfleront pour devenir ou paroître bœufs.

L'indignation que l'aspect et le sentiment du mal m'inspirent quelquefois, n'est, Monsieur, ni de la fureur, ni de l'abattement, ni de la misanthropie. Je suis trop sensible à l'indulgence que des âmes nobles et vertueuses me témoignent encore, pour en manquer envers ceux qui paroissent ne pas valoir mieux que moi ; et cette indulgence même préside aux leçons bénévoles que je hasarde envers cette foule d'*amis de Job* pour qui crime et malheur sont synonymes comme mérite et prospérité.

Lorsque je reçois les confidences plaintives de ces infortunés dont une révolution de seize ans a pavé nos villes et semé nos campagnes, et que ma pénurie ne me permet pas de leur donner d'autres consolations ou secours, je tâche de les fortifier en leur disant, tantôt avec Lafontaine,

« Quiconque en pareil cas se croit haï des Cieux,
Qu'il considère Hécube, il rendra grace aux Dieux » ;

tantôt avec vous,

Mon Roi sur l'échafaud, mon Dieu sur le calvaire,
M'enseignent à souffrir, espérer et me taire.

Addition pour le Prospectus , composée le 4 Thermidor an 12 , à quelques lieues du Havre , dont l'Auteur entendoit l'artillerie sans se douter que la Ville essuyoit un bombardement qui , sans nuire à la flotille rentrée dans le port à cause du mauvais temps , a plus endommagé de maisons que celui de 1759 , époque de son entrée au service.

Mr. de Toustain est muni d'une clef du cabinet dont il connoît autant que moi les chartes, livres, titres, papiers et documens. L'obligeant propriétaire de la maison, qui n'est pas tout-à-fait à trois lieues de la sienne, lui fait à cet égard les mêmes invitations, ou lui donne la même liberté qu'à moi.

Nous n'avons, ni l'un ni l'autre, aucuns entours auprès du gouvernement, mais si le peu d'exemplaires circulans de ce Prospectus l'instruit de notre entreprise patriotique, absolument exempte de contravention comme de clandestinité ; s'il daigne nous accorder un peu de faveur et d'appui, peut-être aurons-nous la satisfaction de rendre des services encore plus importans à quelques-uns de nos concitoyens, notamment à plusieurs de ceux à qui la révolution , dans ses premiers excès de déreligion et de décivilisation , semble avoir dit : « Le pays au service et
» à la splendeur duquel vos ancêtres et
» vous-mêmes avez fait tant de sacrifices ;
» le pays dans lequel, par l'observation

» des principes qu'il adoptoit et consacroit
» alors , vos familles ont si long-temps
» préféré les professions honorifiques aux
» professions lucratives , va devenir pour
» vous une terre étrangère et sauvage. Vous
» n'y aurez d'autre privilége que d'y poser
» vos pieds, d'y traîner vos souffrances ou
» d'y étendre vos cadavres. Heureux encore
» quand mes principaux agens , décorés
» du titre d'apôtres de la liberté et de ven-
» geurs de l'égalité , n'auront pas la fan-
» taisie de vous y jeter dans les cachots ,
» ou même de vous mener au supplice ,
» sur le simple soupçon d'un mécontent-
» tement trop vif de l'ordre ou désordre
» de choses qui vous dégrade et vous dé-
» pouille personnellement après avoir ané-
» anti ou proscrit des lois , des places ,
» des habitudes , des corporations et des
» races que vos nobles parens et vos ins-
» tituteurs non-nobles vous avoient éga-
» lement appris dès l'enfance à chérir et
» révérer comme le palladium de la patrie ,
» comme signes et gages de la sûreté pu-
» blique et de la félicité nationale ».

Aujourd'hui qu'on nous promet décidé-
ment le remède et la fin de cette révolution désorganisatrice , bénissons le chef
suprême et les premiers officiers d'un gouvernement qui fait cesser un tel langage
et de telles maximes. Bénissons les *ci-devant* qui , tirés du naufrage , tendent une
main secourable à leurs parens plongés
dans l'abyme , et qui pensent encore à la
manière de ces héroïques chevaliers de la
Jérusalem délivrée dont Mr. le Brun nous
a donné une si noble traduction. Le seul
Pays-de-Caux , partie renommée de celui

qu'on appeloit encore en 1789 *Pays de Sapience* (*p*) nous en offre des exemples bien louables. J'en citerai quelques-uns avec d'autant plus d'impartialité qu'ils sont

---

(*p*) C'est à la sagesse de sa coutume que la Normandie devoit cette honorable dénomination. Malgré les imperfections qu'on trouve encore dans cette coutume, comme dans les meilleurs ouvrages des hommes, et à plusieurs desquelles on pouvoit remédier par les moyens employés lors de la réformation faite sous Henri III, il est difficile de ne pas adopter à plusieurs égards l'éloge qu'en ont fait Basnage et d'autres grands Jurisconsultes ; il est difficile de ne pas regretter qu'elle ait été si fort mise à l'écart par les rédacteurs du nouveau code civil. Parlant avec la candeur et l'ingénuité d'un Français ni frondeur ni flatteur, je me contente ici d'exprimer les vœux les plus sincères pour que ma patrie se trouve bien d'avoir imposé les mêmes lois dans les montagnes de Savoie et dans les plaines de Beauce, sous le climât du Languedoc et sous celui de la Belgique, à Brest et à Turin, aux bords du Rhin et à ceux de la Garonne. Mr. de Toustain, dans quelques opuscules imprimés depuis plus de vingt ans, a démontré qu'en général les petits états sont plus heureux que les grands, parce que vu la foiblesse de la nature humaine, chez ceux mêmes qui sont doués du *maximium* de force, il est bien rare que la sagesse et la bonté des gouvernans s'augmente en proportion d'un vaste accroissement de domaines et d'une grande multiplication de gouvernés. De-là, malgré leur attachement à la monarchie royale, naquirent les regrets de beaucoup de ci-devant provinces pour leurs anciens ducs ou comtes particuliers. Mr. Mercier, de l'Institut, non-suspect de penchant à la féodalité, convient qu'un nombre assez considérable de ces petits souverains ou grands vassaux gouvernèrent en vrais pères de famille, et furent graduellement imités dans cette bienfaisance seigneuriale par la noblesse qui leur obéissoit.

En général plus un état se resserre, plus les individus s'y agrandissent ; et puisqu'il est plus honorable comme plus avantageux à chaque homme

choisis entre ceux que donnent des personnes de qui je n'ai pas l'honneur d'être connu. En attendant le recueil dont j'ai

---

d'influer sur sa patrie pour un cinquième que pour un centième, le particulier d'un pays qui dans un terrein proportionné n'a guères que deux millions d'habitans, est vingt-cinq fois plus aux yeux de son souverain et de ses concitoyens libres, que celui d'un empire asiatique de cinquante millions d'habitans ne peut l'être aux yeux de son despote et de ses compatriotes esclaves.

Observons néanmoins que de semblables parallèles et calculs ne pourroient toujours s'appliquer aux états extrêmement petits et foibles, parce que la plupart étant sous la dépendance de leurs voisins puissans, on n'imagine pas beaucoup de patriotisme et de considération réelle où il ne peut y avoir de liberté, pas même de constitution ni de situation permanente.

La république et l'empire des Romains, ainsi que les empires de Sésostris, de Nabucodonosor, de Cyrus, d'Alexandre et de Gengiskan, ne sont tombés que par l'excès de leur étendue colossale. Rome à la vérité dura plus que les autres, parce qu'elle eut long-temps l'attention de laisser aux vaincus leurs lois, leurs usages et leurs magistrats (du moins les magistrats secondaires), ensorte que, selon l'expression de l'abbé Dubos, sa domination devenoit un gouvernail plutôt qu'un joug. Cependant malgré ce puissant correctif, quels maux les proconsuls ne firent-ils pas ? quels mécontentemens n'éclatèrent pas dans les provinces trop éloignées du centre de la première autorité pour en être suffisamment protégées et surveillées ? Il n'est donc que trop vrai qu'une trop grande extension de la même domination ne produit ordinairement (outre une multitude d'injustices et de violences sourdes et partielles) qu'une plus grande aggrégation d'êtres mal gouvernés ; et cette conséquence naturelle des bornes mises par la providence, sinon à l'audace et à la vanité de quelques hommes, du moins à la puissance et à la capacité de tous, je l'ai développée dans mes conversations avec le *législateur* Clootz, lorsqu'après avoir

dit un mot dans ce Prospectus, et dont je désire que son auteur nous fasse bientôt jouir, j'oserai nommer pour ce seul canton, Mesdames de Montmorenci, sœurs, nées Becdelièvre ; Mesdames de Nagu-Varennes et Corday d'Orbigni, cousines, nées du Hamel, etc. etc. C'est assurément bien rappeler et bien justifier sa noblesse d'extraction que de conserver et de prouver ainsi celle des sentimens. Plusieurs de nos amis de l'ex-tiers-état, remplis de cette même noblesse morale, et que nos bouleversemens seuls ont empêché de passer à la civile, se trouveront placés à leur insçu dans ce précieux Recueil.

Jucundus homo qui miseretur et commodat... Beatus dives qui inventus est sine maculis...! frater qui adjuvatur à fratre, quasi civitas firma : et judicia quasi vectes urbium... Filioli, non diligamus verbo neque linguâ, sed opere et veritate... Charissimi, diligamus nos invicem.... Deus charitas est : qui manet

---

mis le Mahométisme au-dessus du Christianisme, et l'Athéisme au-dessus de tout, il rêvoit *sa république universelle* comme d'autres ont rêvé la *monarchie universelle*.

S'il m'étoit permis de citer Nicolas-Antoine Boulanger, quelquefois aussi sage en politique qu'étonnant en érudition, et qu'extravagant en religion, je serois tenté de ne pas faire plus que lui d'exception pour la Chine, malgré l'admiration due à l'espèce de *pérennité* de cet immense et antique empire, qu'un ensemble unique de constance et de bonheur à conserver ses formes, ses mœurs et ses lois, a maintenu dans sa renommée, son éclat, sa constitution, sa puissance, au point qu'il a conquis ses conquérans pendant que d'autres états ont été enchaînés par leurs sujets.

*in charitate, in Deo manet, et Deus
in eo.* Ces touchans et sublimes passages
du plus saint et du plus beau des livres
sont traduits par-tout. Mais on perd le droit
de les citer en langue vulgaire quand la
Providence nous envoye de ces épreuves
qui souvent , aux yeux d'une majorité
caustique et malveillante, nous rendroient
suspects de les rappeler plutôt pour nous-
mêmes que pour notre prochain. Dieu
connoît mon âme et mes intentions. C'est
à ce souverain juge et miséricordieux père
que j'ose m'en rapporter avec une humble
et pleine confiance , quoique nul chrétien
n'ait le droit ni la présomption de s'appliquer devant lui ce vers que Racine met
dans la bouche du payen Hippolyte :

Le jour n'est pas plus pur que le fond de mon cœur.

***

*Dernière Apostille envoyée par l'Auteur
du Prospectus , le Dimanche 24 Thermidor 12 , jour où l'on célébroit la
St. Laurent dans un village où il se
trouvoit , et la St. Charlemagne à Aix-
la-Chapelle.*

L'impression de ces deux feuilles a souf-
fert beaucoup de traverses et de retards à
cause de quelques événemens survenus à
l'auteur et à l'imprimeur.

Le premier avoit retouché son manuscrit de manière que les notes étoient in-
corporées au texte, afin de moins distraire
ou moins fatiguer le lecteur. De cette manière l'ouvrage se ressentoit un peu moins
de la précipitation avec laquelle on a été

forcé de le composer (*q*) ; mais ce rema-
niement est arrivé trop tard. Comme il ne
renfermoit que des corrections de forme
sans changement de fond , la position de
l'auteur l'oblige de l'annuler , et de faire
ainsi plutôt le sacrifice de son amour-
propre en paroissant avec désordre , que
d'ajouter aux sacrifices de sa bourse en
faisant recommencer le travail typogra-
phique.

Il regrette cependant de ne pouvoir pu-
blier dès aujourd'hui les morceaux qu'il
y avoit glissés , 1°. sur les *anciennes re-*
marques de la Noblesse du Beauvoisis et
de plusieurs autres Provinces par P. Louvet ;
2°. sur ce que Mrs. Peyssonnel et Mou-
radjea lui ont appris de la Noblesse héré-

(*q*) Cette précipitation perce jusques dans l'ap-
perçu rapide, donné page 9, de quelques hommes
très-marquans de Bretagne et de Normandie. Sans
chercher à-beaucoup-près à faire une nomenclature
complette, on auroit pu rendre cette liste beaucoup
plus longue sans en affoiblir l'intérêt, ainsi que me
l'écrivoit Mr. de Toustain-Richebourg. Comme lui
et comme l'auteur de l'*Histoire de la Maison de*
Beaumont, j'adopte la maxime du Roi *Stanislas-*
le-Bienfaisant, qu'*une seule vertu vaut mieux qu'un*
siècle d'aïeux. Assurément cette belle sentence n'a
rien de commun avec la doctrine des métaphysiciens
révolutionnaires qui philosophoient d'après le Dieu-
Nature, à la manière du premier des deux forçats
que Pasquier fait converser avec un comite dans le
Pourparler de la Loi. A force de combattre les plus
beaux sentimens comme de plates niaiseries, et les
plus respectables principes comme de vils préjugés,
ces illustres harangueurs de clubs et de carrefours,
aussi profonds raisonneurs que désintéressés patriotes,
alloient, selon le vers de Mr. Michaud dans le
Printemps d'un Proscrit, jusqu'à

« Faire un crime aux enfans d'avoir pleuré leur père.

ditaire de l'Empire Ottoman ; 3°. sur le *Traité d'économie politique* de M. Say ; 4°. sur les *Leçons de l'histoire* de M. Gérard ; 5°. sur l'*Histoire ancienne des peuples de l'Europe* par le Comte du Buat, qu'il a eu l'honneur de connoître ; 6°. sur plusieurs autres estimables écrivains vivans ; 7°. sur ce qu'on a publié de la correspondance de Charrette et d'autres Vendéens, et sur le malheur qui rejaillit sur toute la nation de l'extrême détresse des ministres du culte catholique, et de la raréfaction des églises rurales ; 8°. sur le seul inconvénient des usages féodaux que M. Boncerf n'ait pas relevé dans sa brochure condamnée au Parlement de Paris, le seul peut-être qui existât au moment où l'Assemblée dite Constituante a détruit indistinctement tous les vestiges de droits seigneuriaux, sans exception des plus utiles à l'agriculture, le seul enfin qu'on ait laissé non-seulement subsister, mais s'aggraver et se multiplier encore jusqu'au moment où j'écris ces lignes. Cet inconvénient facile à diminuer ou réprimer, devient d'autant plus terrible par l'insouciance qu'on y apporte, que malgré sa naissance au sein de la féodalité dans sa plus grande force, il s'est répandu bien au-delà depuis plusieurs siècles, et qu'il embrasse en France toutes les classes de la société depuis la révolution. Mais en faisant grace aujourd'hui de ces morceaux à ses lecteurs, il les prie de ne voir les notes du présent Prospectus qu'en rebattant les buissons après une première lecture non interrompue du texte. Il prend aussi la liberté de leur rappeler la convenance et d'affranchir les lettres qu'ils enverront à l'adresse indiquée page 25 , et de compter sur la caution dont la signature est à la page 26.

ERRATA.

Page 2, ajoutez à la note, qu'un mémoire imprimé des députés de la Guadeloupe reproche à certains blancs en place des horreurs dont sont également accusés, dans des lettres particulières, d'autres blancs employés à St. Domingue, et qui peuvent aller de pair avec les cruautés des nègres.

Page 9, l. 18, *ajoutez* Guébriant, Duclos.

Même p. 9, l. 3, en remontant, après *ce temps*. Achevez ainsi la note : --- Il n'est pas ici question de rien discuter ni pour ni contre ceux qu'un très-antique usage, en vogue dans l'ancienne Rome comme dans toute l'Europe actuelle, qualifie *hommes nouveaux*, titre toujours honorable pour ceux qui, sans basse ou coupable manœuvre, ne doivent leur élévation qu'aux services, aux talens et à la vertu, mais qui ne doit pas entrainer la proscription de ceux dont la personne ou la race jouissent d'une illustration plus ancienne. C'est un fait historique dont on peut convenir, qu'aucun des auteurs des trois dynasties royales de la France ne fut de cette cathégorie d'hommes nouveaux dans laquelle, en des temps d'anarchie, furent pris tant d'empereurs Romains et Constantinopolitains par le caprice de ces forces armées que toute constitution sage déclare essentiellement indélibérantes. Pharamond cru descendant de Priam par une méprise dont Leibnitz a trouvé la source, étoit de race royale de même que Mérouée vainqueur des Huns, grand-père de Childéric I. vainqueur des Alains, et aïeul du conquérant Clovis. Pepin-le-Bref grand homme et grand seigneur, qui n'avoit rien bouleversé des anciennes institutions, lois et corporations Françaises qu'affermit encore son fils Charles-le-Grand, étoit fils et petit-fils des plus grands seigneurs et plus grands hommes de cette monarchie sauvée de l'invasion des Sarrasins par son propre père. Le même Pepin-le-Bref avoit pour bisaïeul St. Arnoul mort évêque de

Metz après avoir été honoré des plus grands emplois par Théodebert II roi d'Austrasie son parent. Quant à leur arrière-neveu Hugues Capet, allié et soutenu de tous les chefs de la représentation nationale alors subsistante, de toute cette *procérité* dont la révolution présente efface, au moins jusqu'à nouvel ordre, les derniers vestiges, on peut s'en tenir à cette note et au témoignage que le pape Pie VI rendit, dans un consistoire de Juin 1793, à la mémoire du plus récent et du plus malheureux des descendans et successeurs de ce Roi, sur lequel voici le témoignage des auteurs à-peu-près ou tout-à-fait contemporains : *Ludovicus Francorum rex obiit. Eodem anno (*987*) Hugo dux, rex Francorum est elevatus Noviomi. --- Franci assumentes Hugonem memoratum ducem, Noviomo illum sublimant in solio. --- Franci primates ad Hugonem qui ducatum Franciae strenuè tum gubernabat, magni illius Hugonis filium, se convertentes, Noviomo civitate solio sublimant regio. --- Francorum primates, communi consensu, Hugonem qui tunc ducatum Franciae strenuè gubernabat, magni Hugonis filium, cujus mentio facta est, Noviomo sublimant regio solio eodem anno quo Ludovicus adolescens obiit. --- Nec ist*Hugo regni invasor aut usurpator est indicandus (aliàs judicandus*) quem regni proceres elegerunt.*

Telle est la vérité historique sur laquelle, sans ombre d'insulte ni aux vaincus ni aux triomphateurs, je me permets seulement de rappeler cette vérité religieuse : Que c'est le roi éternel des siècles qui dispose à son gré des sceptres périssables de la terre. *Deus ultionum liberè egit.... Usquequò peccatores gloriabuntur.* Ps. 93.

Page 18, à la note, ligne 9 en remontant : 987, *lisez* 983.

Page 20, l. antépénultième de la Ire. note. *Avant* Brutus *ajoutez* Caton.

Même page, à la seconde note d'une seule ligne marquée *k, ajoutez :* Le peuple Hébreu n'a jamais fait un crime à David de s'être soustrait aux persécutions de Saül en se réfugiant chez les Philistins.

Achevé d'imprimer le 6 Fructidor XII, veille de la St. Louis 1804.
Ad majorem veritatis, libertatis et patriae gloriam.